Male für jede Seite, die du bearbeitet hast, einen Stern aus!

Viel Freude!

4 6

7 8 9 10 11

12 13 14 15 16 17

18 19 20 21 22

23 24 25 26 27 28

29 30 31 32 33

34 35 36 37 38 39

40 41 42 43 44

45 46 47 48 49 50

51 52 53 54

Verbinde!

3

4

6

2

0

5

9

7

2 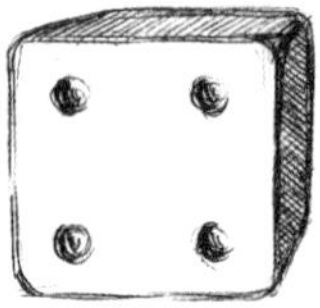

4 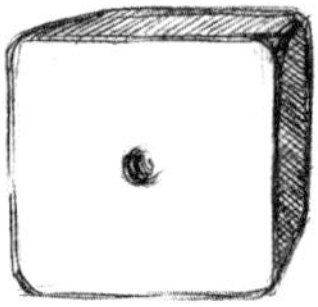

6 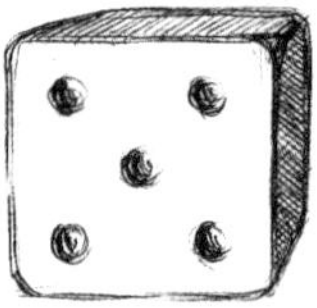

3 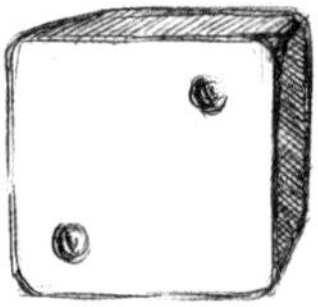

1 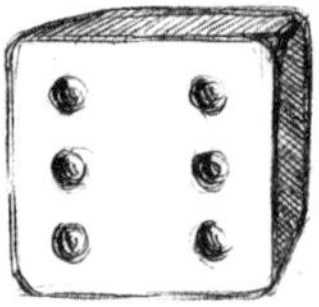

5 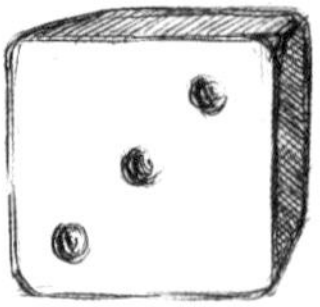

Erst hinaufgeklettert –
dann hinuntergefallen!

1

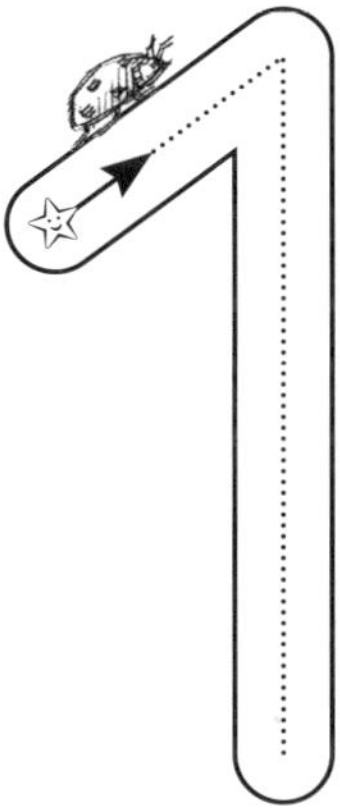

Zeichne!

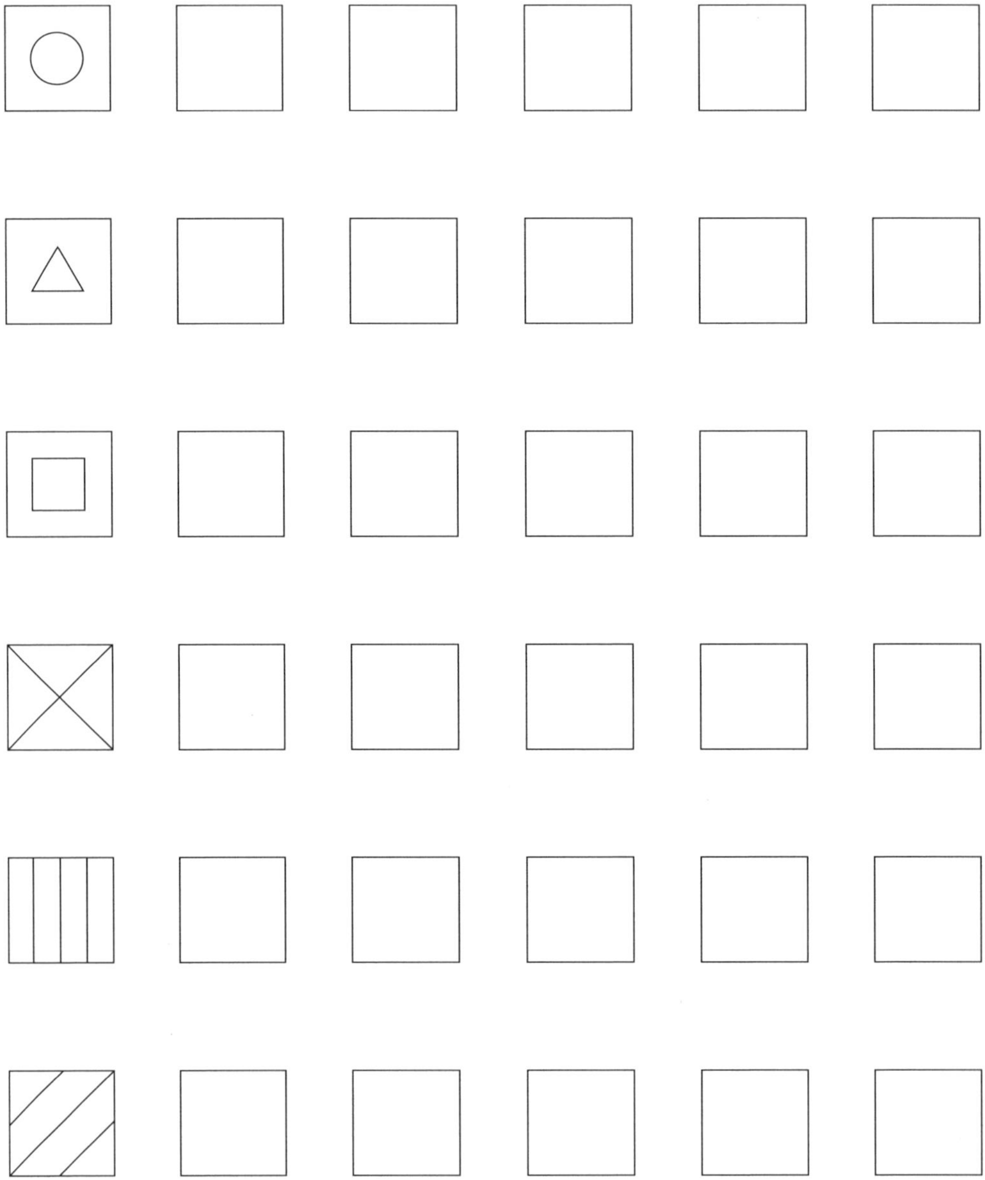

Von oben im Bogen kommt sie gezogen – und dann nach rechts!

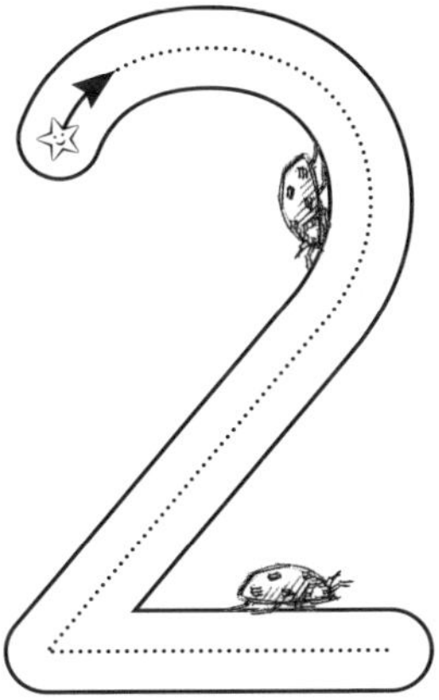

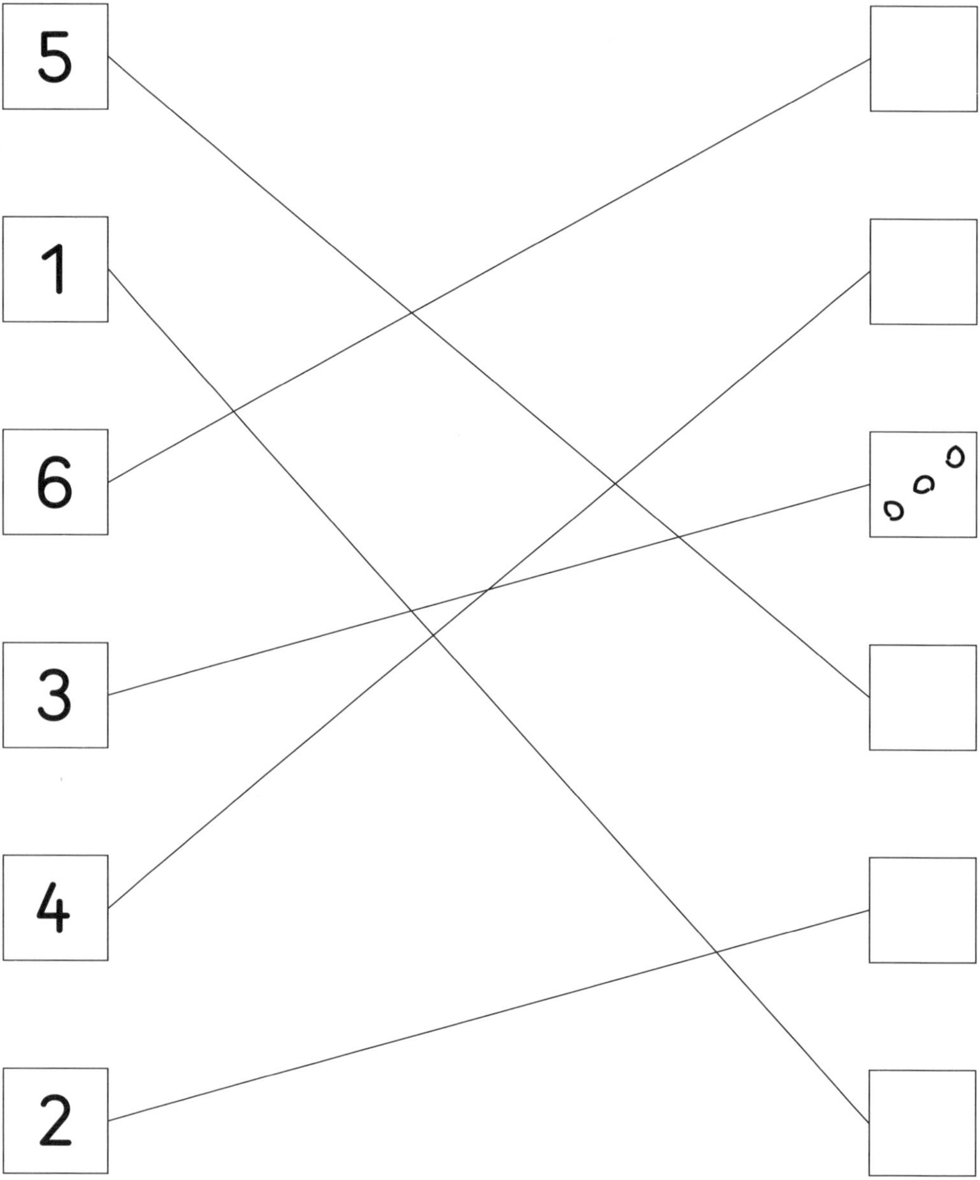
5
1
6
3
4
2

Zwei Hälften vom Ei,
das wird die Drei!

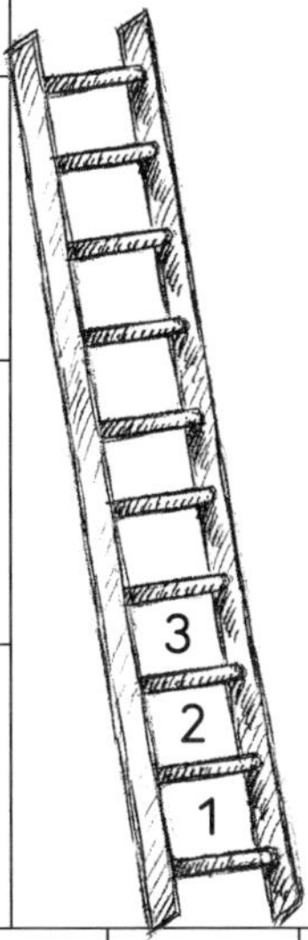

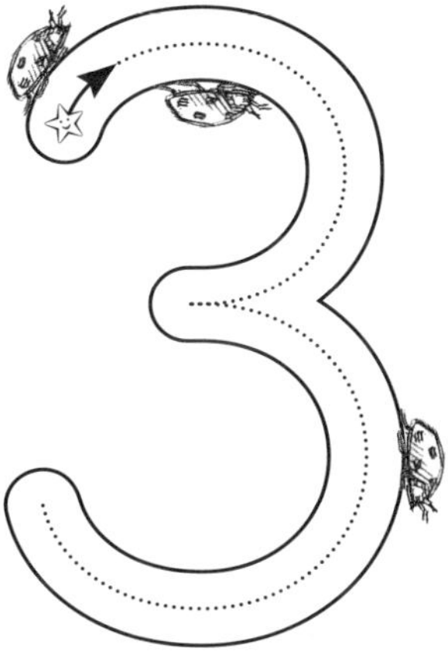

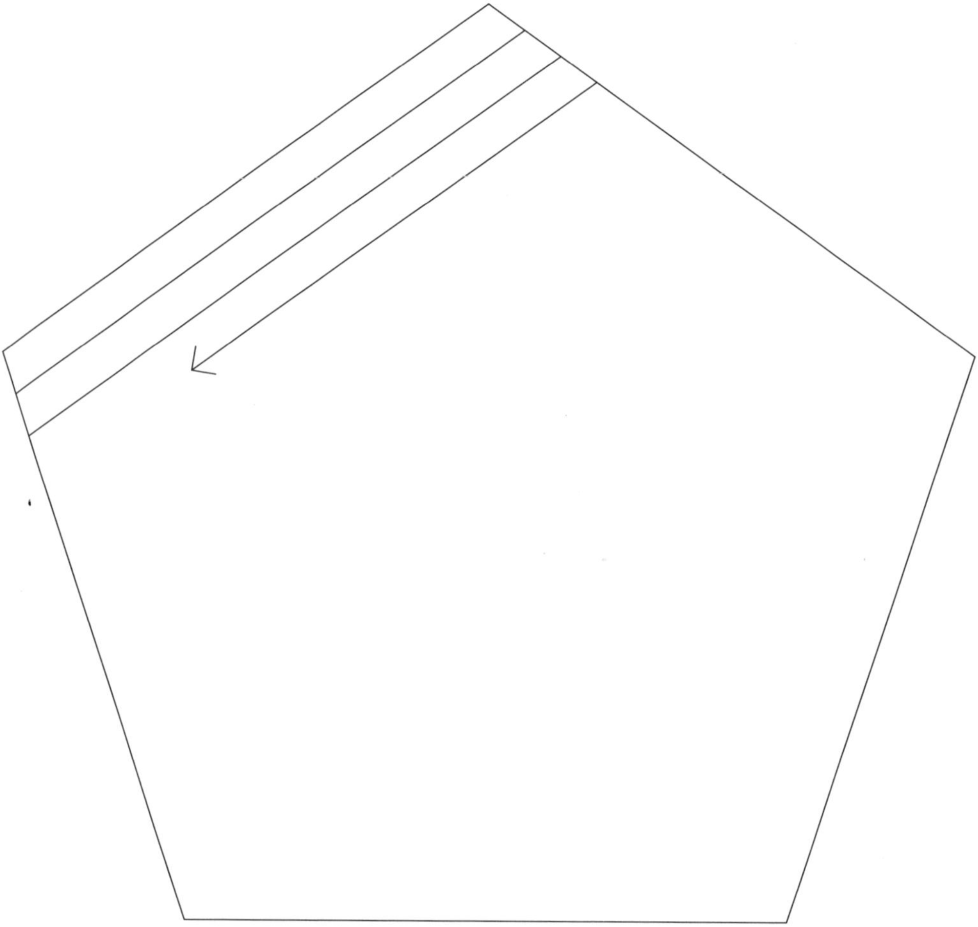

Zeichne weiter ohne Lineal!

Links – Rechts – Runter!

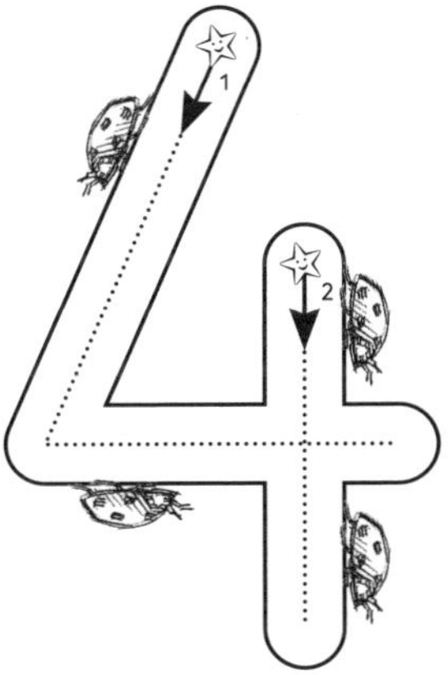

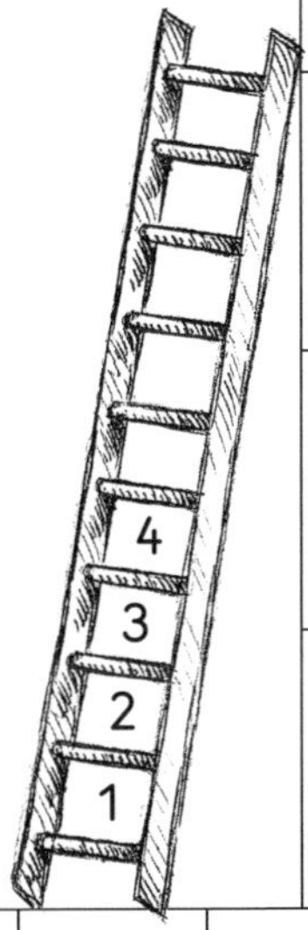

Verbinde!

Einen Hals, einen dicken Bauch
und eine Cap oben drauf!

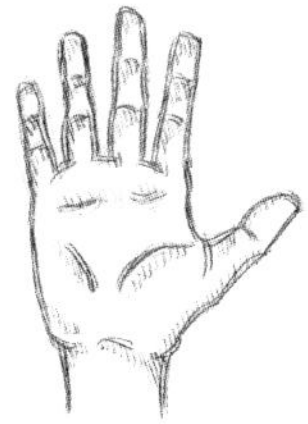

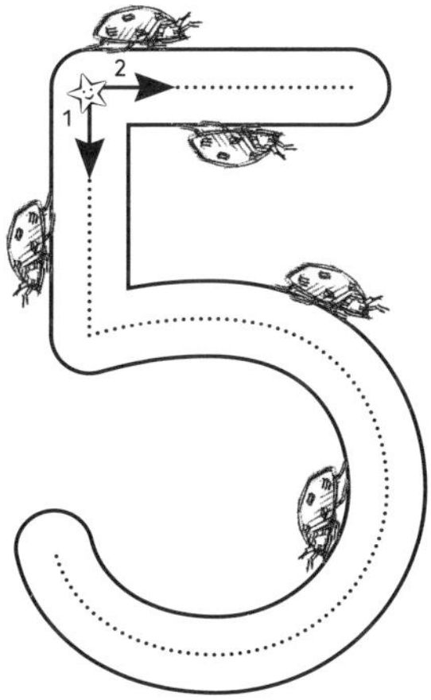

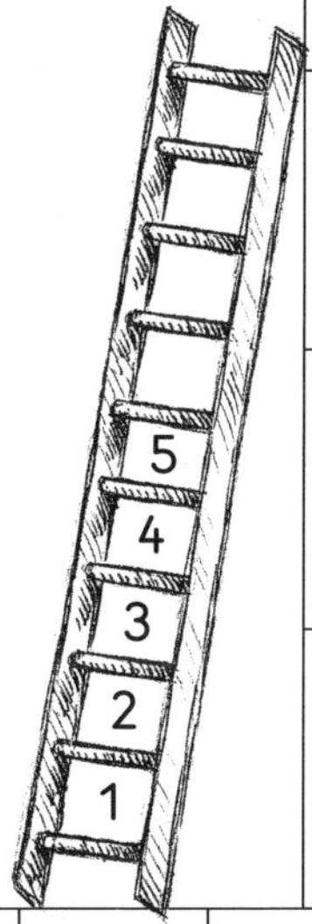

Schreibe!

1	1						
2	2						
3	3						
4	4						
5	5						

1	1												
2	2												
3	3												
4	4												
5	5												

Hex', hex', hex'
und der Faden
wird zur Sechs!

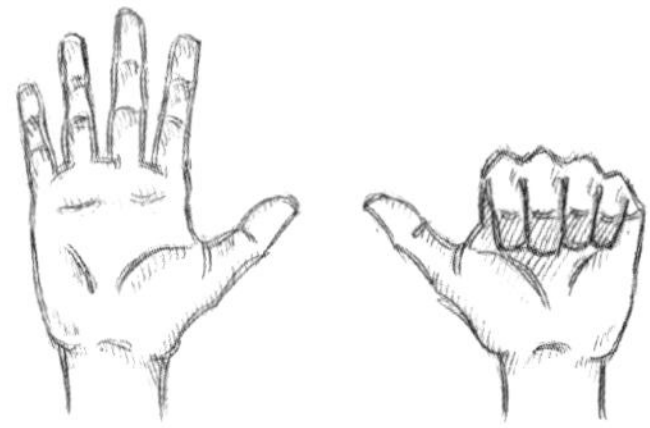

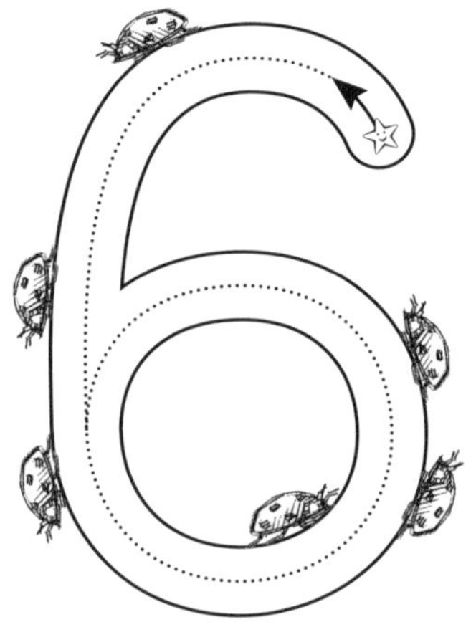

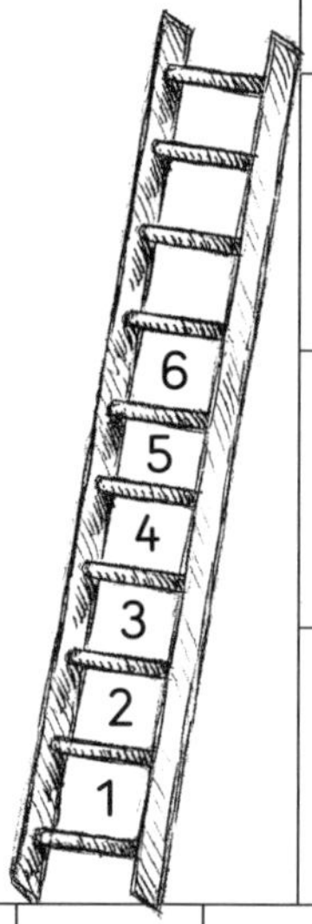

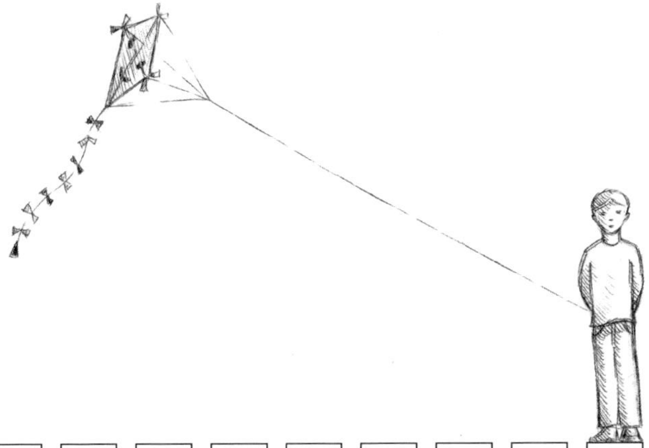

1

2

3

4

5

6

Schreibe!

Nach rechts und schräg runter,
du wirst es lieben,
nun noch ein Strich,
das ist die Sieben!

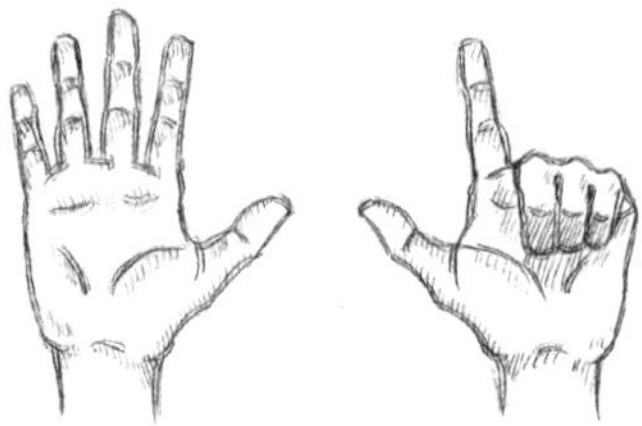

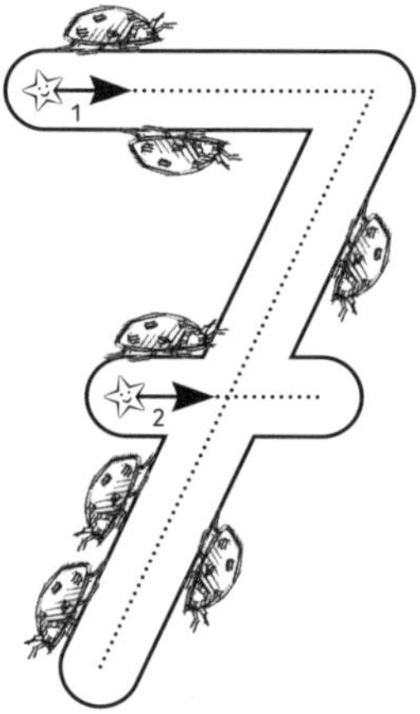

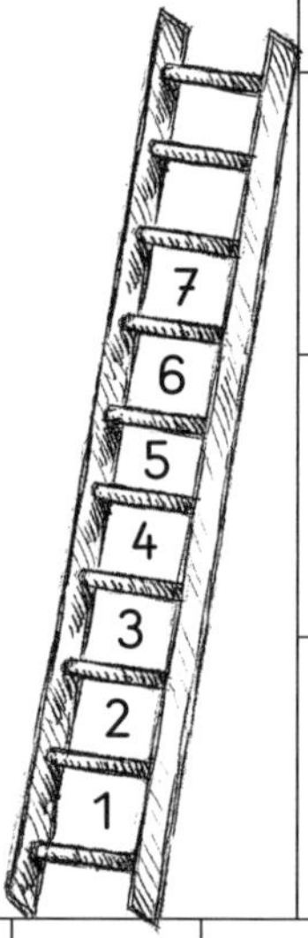

1

2

3

4

5

6

7

Einen Bogen nach links
und einen nach rechts,
dann kreuze bitte
genau in der Mitte!

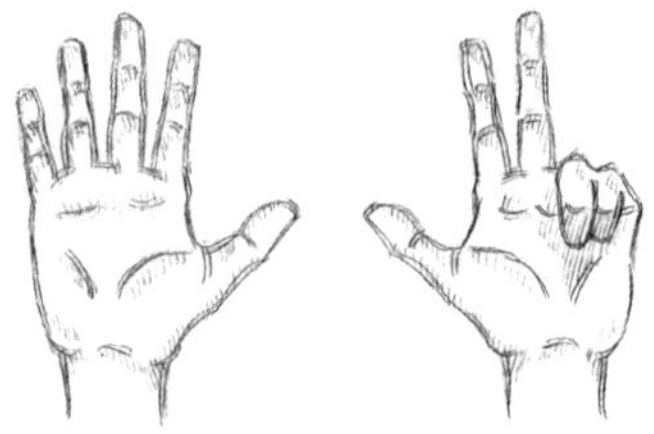

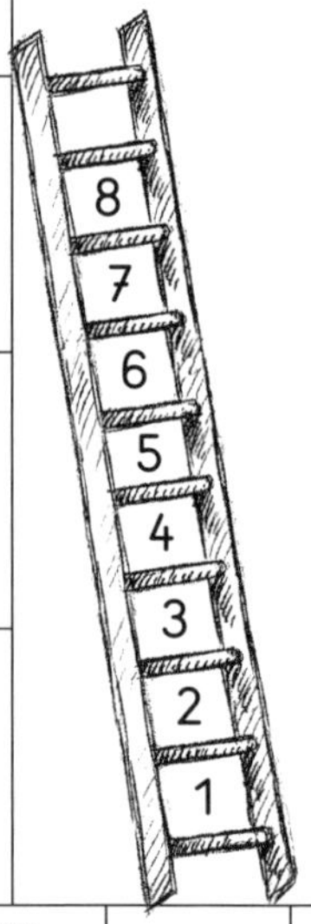

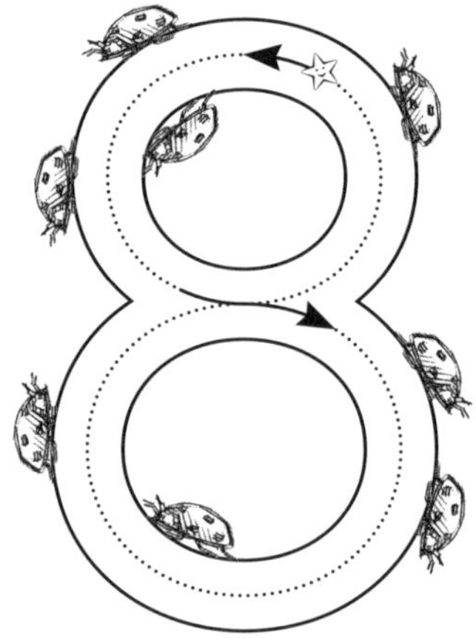

1

2

3

4

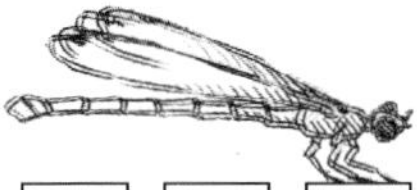

5

6

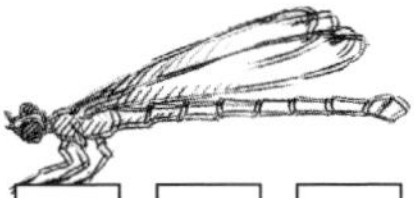

7

8

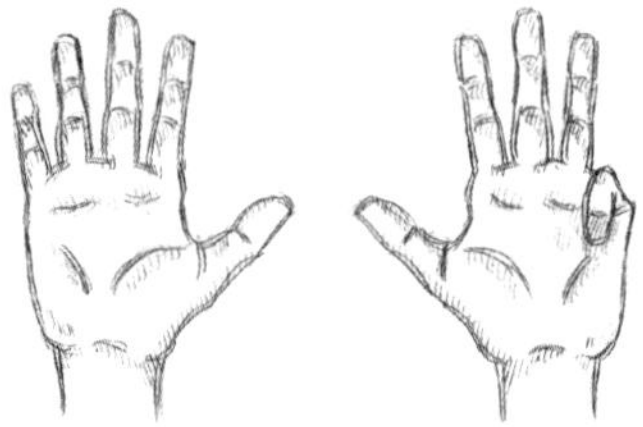

Oh, wie fein,
die Null mit einem Schaukelbein!

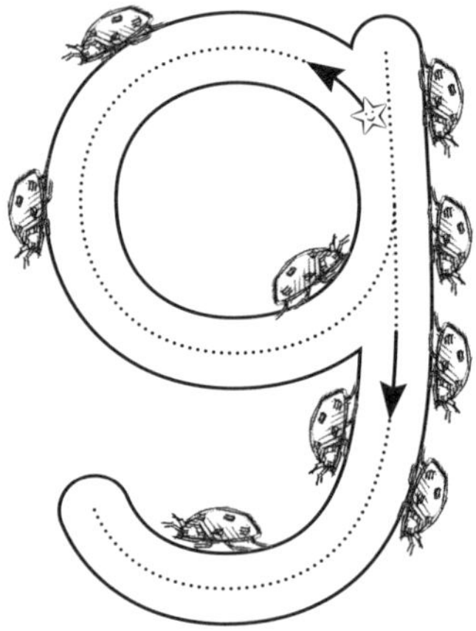

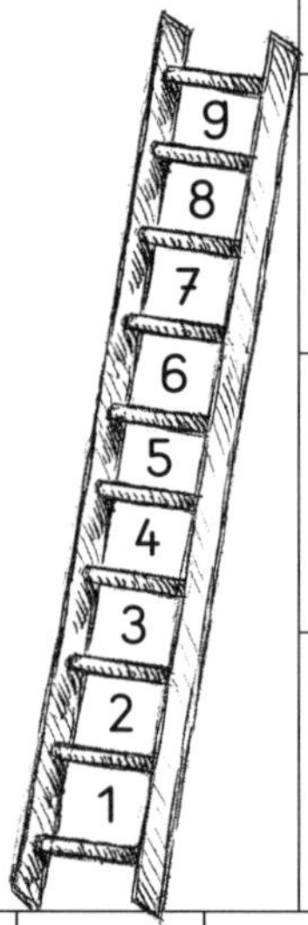

1

2

3

4

5

6

7

8

9

Schreibe!

Die Zehn ist ganz leicht,
die Eins und die Null –
das reicht.

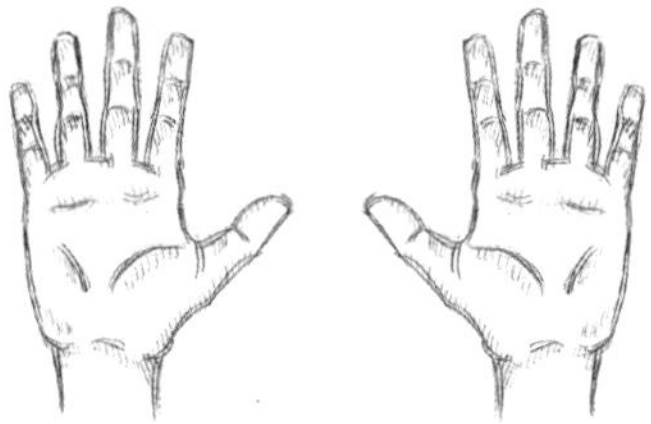

1

2

3

4

5

6

7

8

9

10

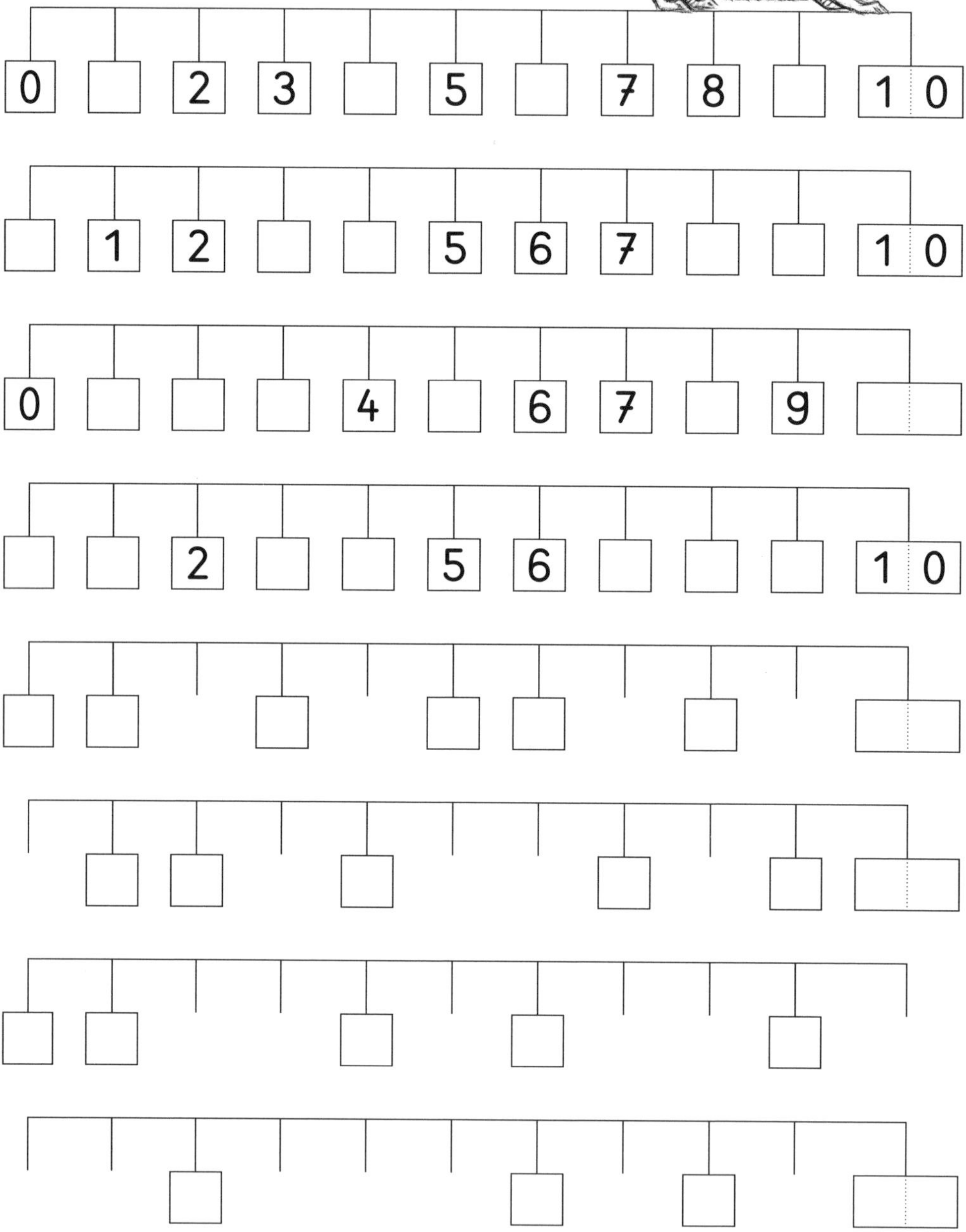
0 2 3 5 7 8 10
1 2 5 6 7 10
0 4 6 7 9
2 5 6 10

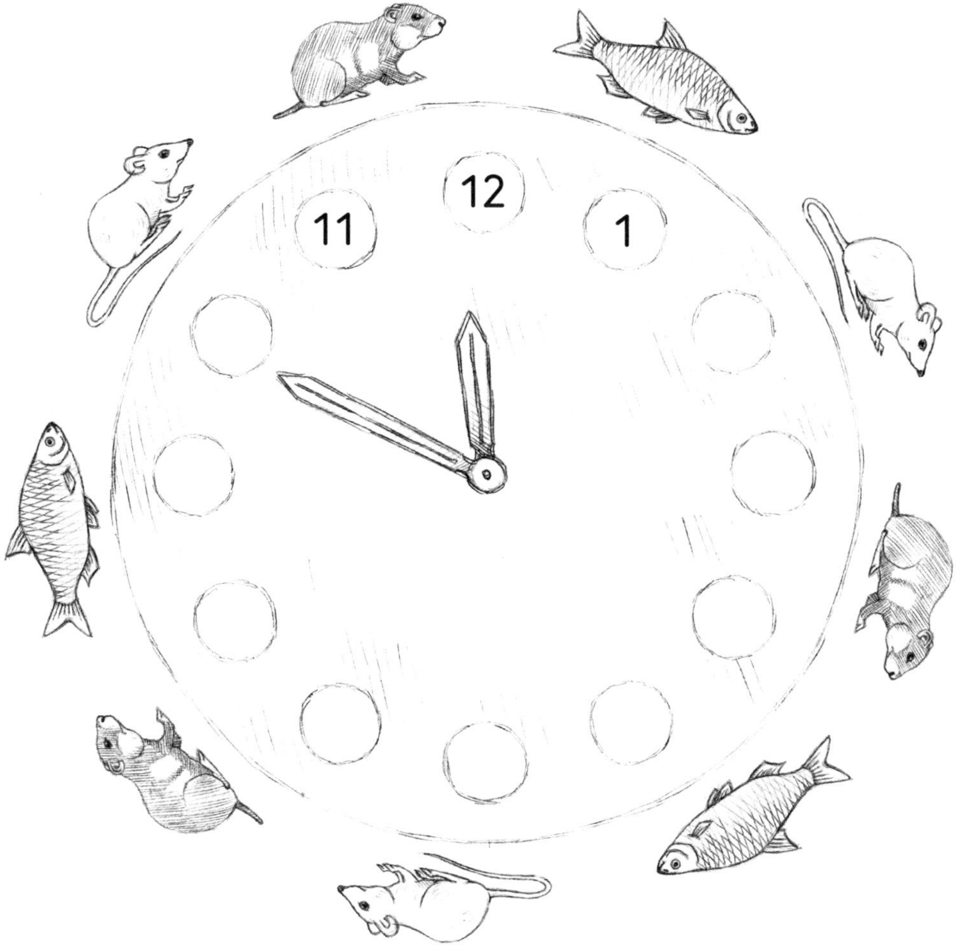
11
12
1

Schreibe!

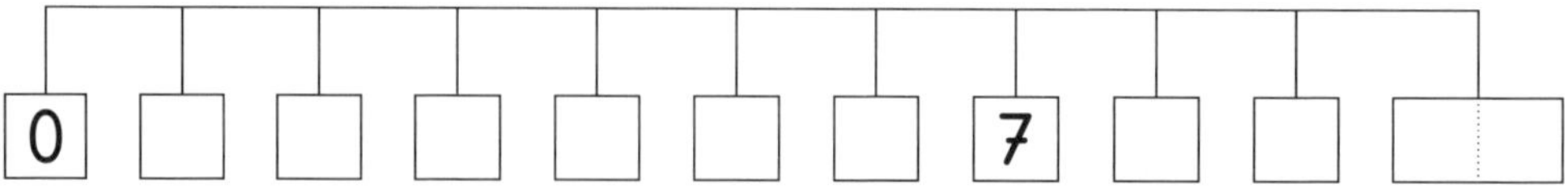

2	
1	1

2	2

1	2

3	2

1	3

4	3

4	5

6	2

1	7

8	1

Schreibe!

2 3 4

7 8 ___

___ 5 6

___ 7 ___

___ ___ 5

6 ___ ___

2	3	4

6	7	

	6	

		9

	4	

	5	

0		

		7

6		

		10

	7	
4	3	
2	2	1

1	2	1

1	3	2

3	1	3

4	0	5

2	2	3

5

2 + 3 = 5

☐ + ☐ = ☐

☐ + ☐ = ☐

☐ + ☐ = ☐

☐ + ☐ = ☐

☐ + ☐ = ☐

Male dazu!

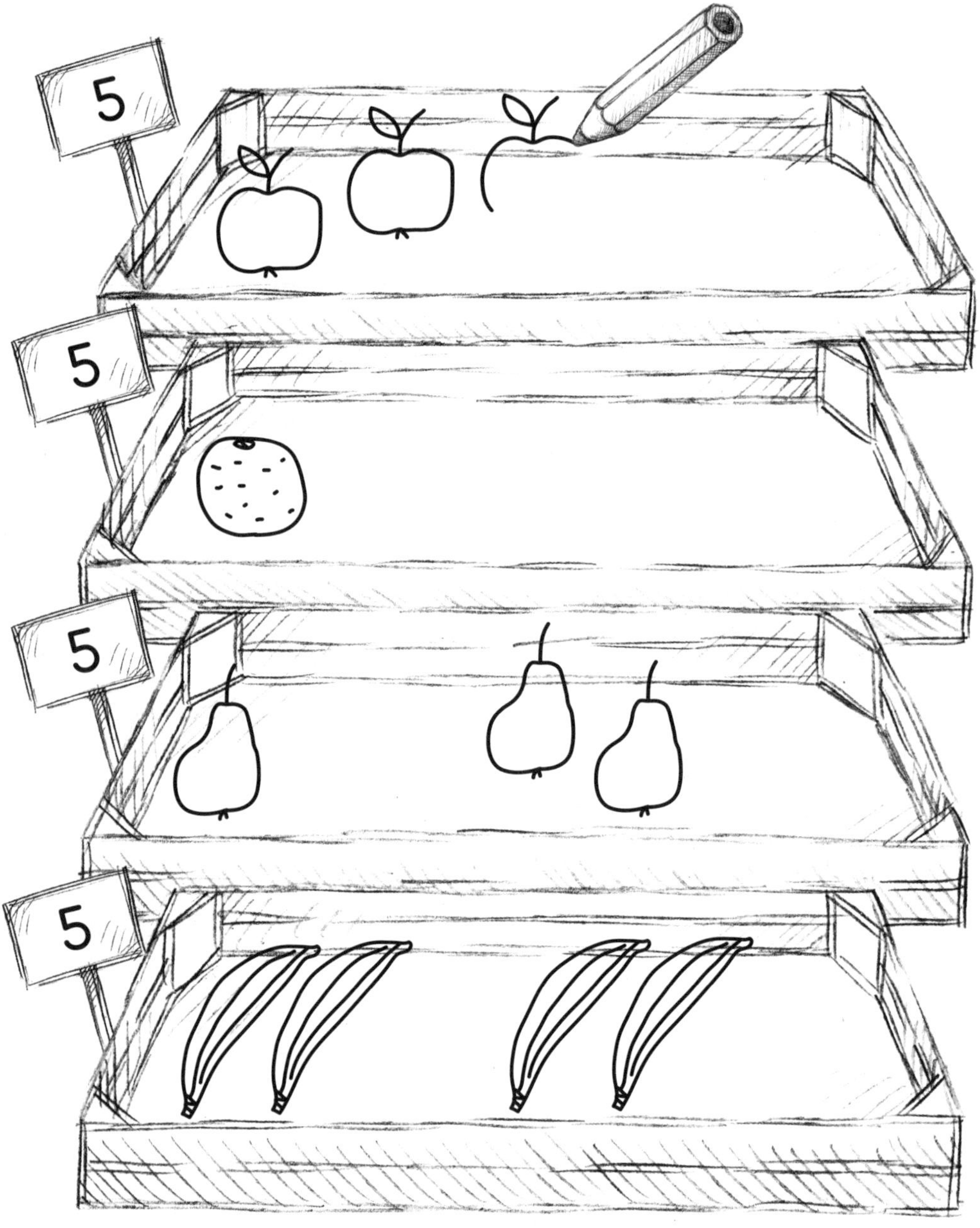

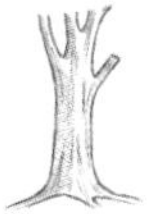 3

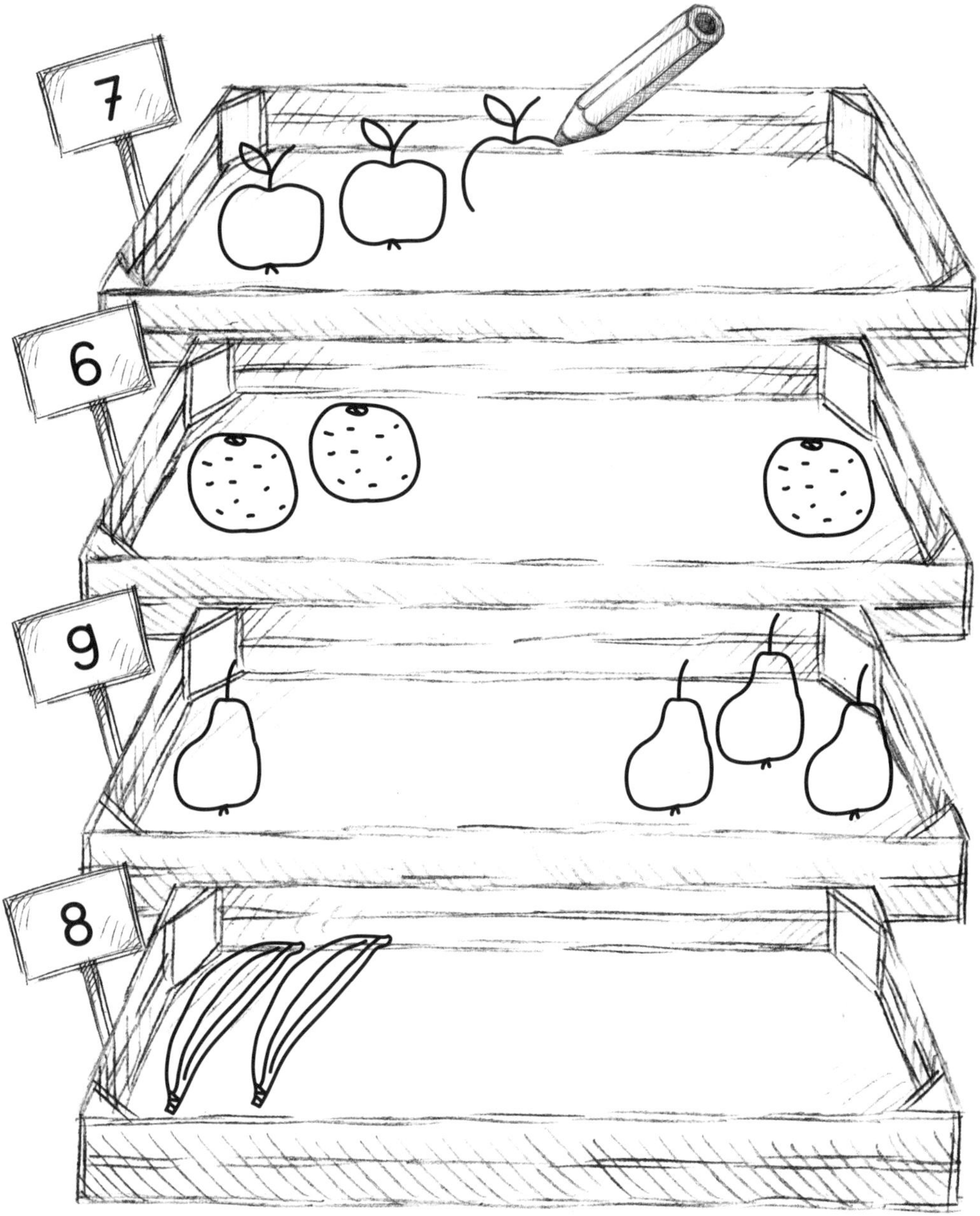
7
6
9
8

  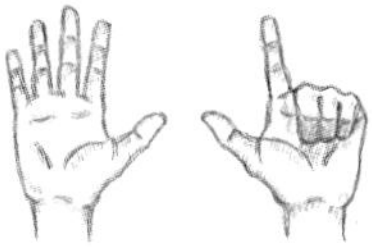

4 + 3 = 7

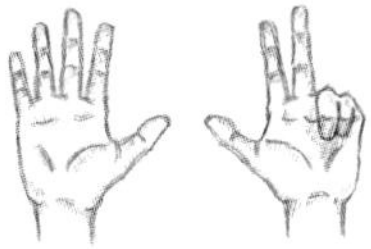  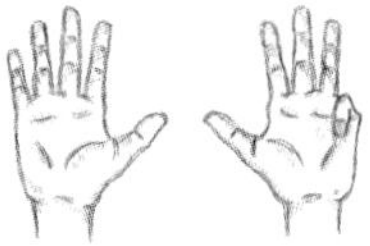

□ + □ = □

  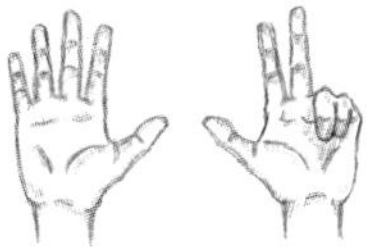

□ + □ = □

 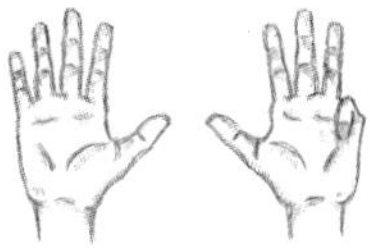 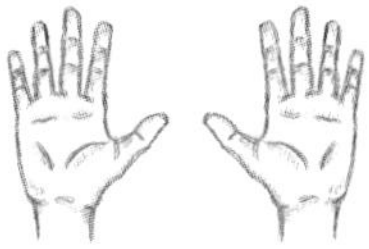

□ + □ = □□

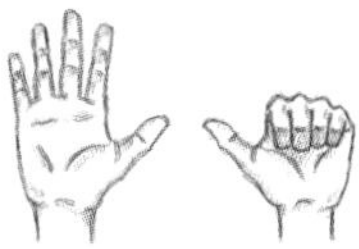  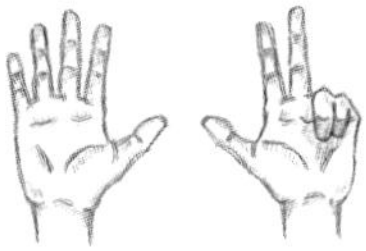

□ + □ = □

Rechne!

4 + 3 = 7		5 + 5 =
2 + 3 =		2 + 4 =
1 + 0 =		5 + 2 =
2 + 8 =		1 + 6 =
9 + 1 =		4 + 4 =
5 + 3 =		0 + 8 =
2 + 2 =		8 + 1 =
10 + 0 =		7 + 3 =
2 + 7 =		5 + 4 =
6 + 3 =		1 + 2 =
7 + 1 =		2 + 6 =
4 + 6 =		3 + 3 =

10 Eier

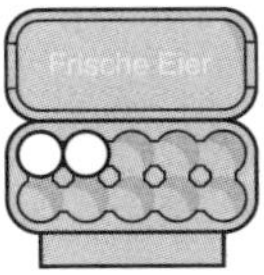

$2 + \square = 10$

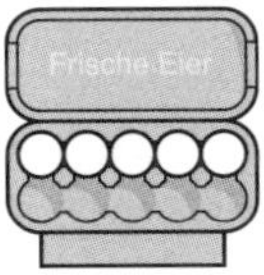

$5 + \square = 10$

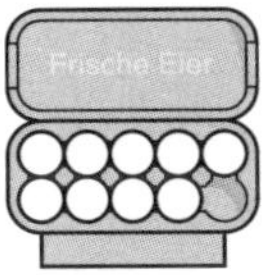

$9 + \square = 10$

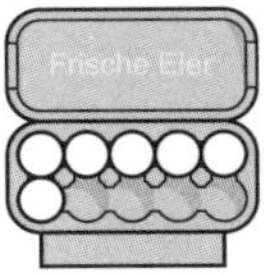

$6 + \square = 10$

$4 + \square = 10$

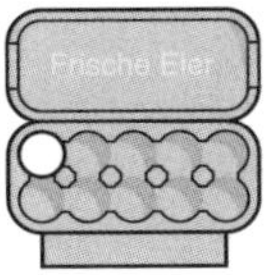

$1 + \square = 10$

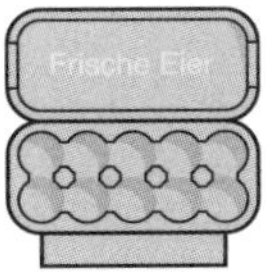

$0 + \square\square = 10$

$7 + \square = 10$

$8 + \square = 10$

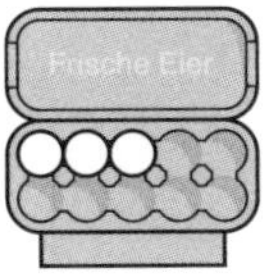

$3 + \square = 10$

10	10	10
1 +	7 +	+ 6
7 +	+ 9	10 +
3 +	2 +	+ 3
9 +	+ 10	2 +
2 +	1 +	+ 7
4 +	+ 3	0 +
0 +	5 +	+ 4
5 +	+ 0	1 +
8 +	4 +	+ 8

3 + 4 = 7
4 + 3 = 7

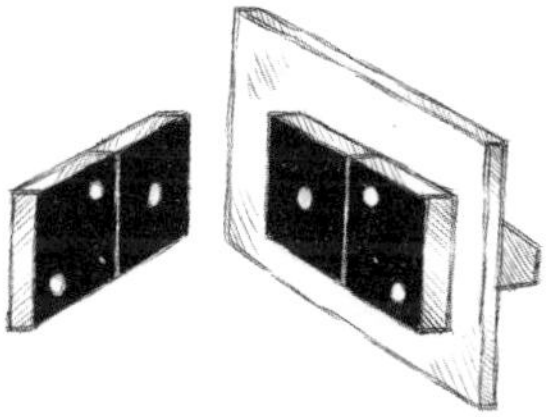

2 + 1 =
1 + 2 =

2 + 5 =
5 + 2 =

6 + 3 =
3 + 6 =

7 + 2 =
2 + 7 =

4 + 2 =
2 + 4 =

3 + 5 =
5 + 3 =

8 + 0 =
0 + 8 =

1 + 8 =
\+ =

7 + 3 =
\+ =

2 + 3 =
\+ =

2 + 6 =
\+ =

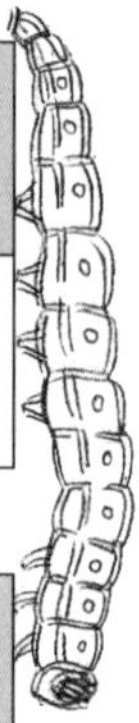

+	1	2	3	4	5
1	2	3			

+	3	5	1	4	2
2					

+	4	2	3	5	1
3					

+	1	3	5	2	4
4					

+	5	1	2	4	3
5					

4 + 3 = 7	3 + ☐ = 5
2 + ☐ = 2	2 + ☐ = 4
1 + ☐ = 1	3 + ☐ = 6
0 + ☐ = 8	1 + ☐ = 6
1 + ☐ = 9	4 + ☐ = 10
5 + ☐ = 5	2 + ☐ = 8
2 + ☐ = 3	1 + ☐ = 8
2 + ☐ = 6	2 + ☐ = 5
2 + ☐ = 7	4 + ☐ = 5
3 + ☐ = 7	1 + ☐ = 2
1 + ☐ = 7	10 + ☐ = 10
4 + ☐ = 6	3 + ☐ = 10

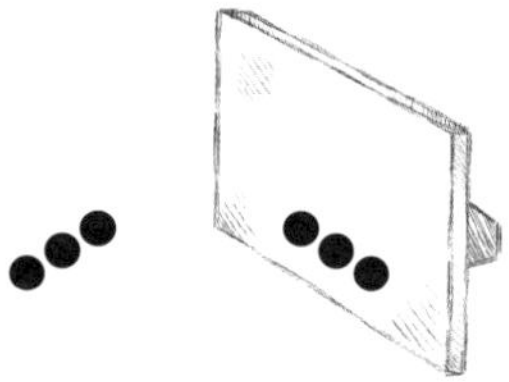

3 + 3 = 6

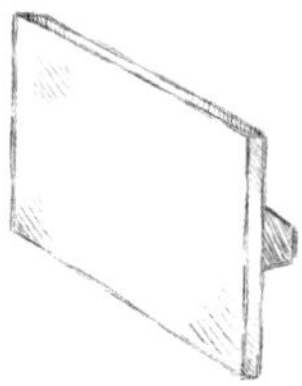

0 + ☐ = ☐

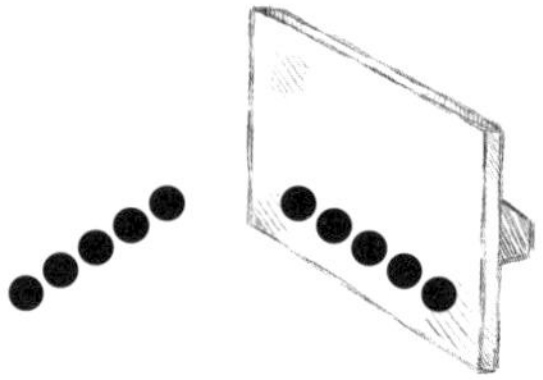

☐ + ☐ = ☐

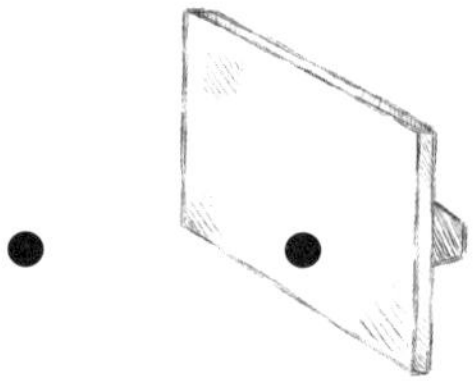

☐ + ☐ = ☐

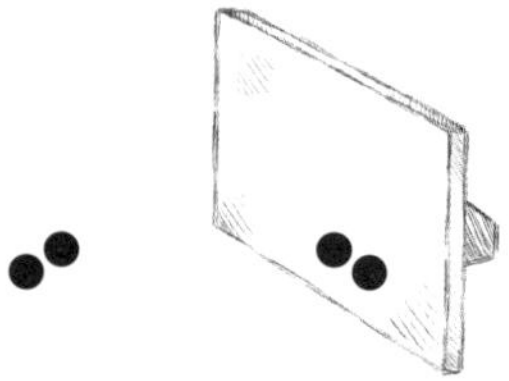

☐ + ☐ = ☐

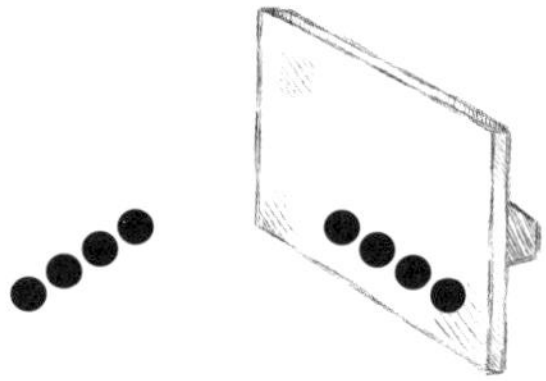

☐ + ☐ = ☐

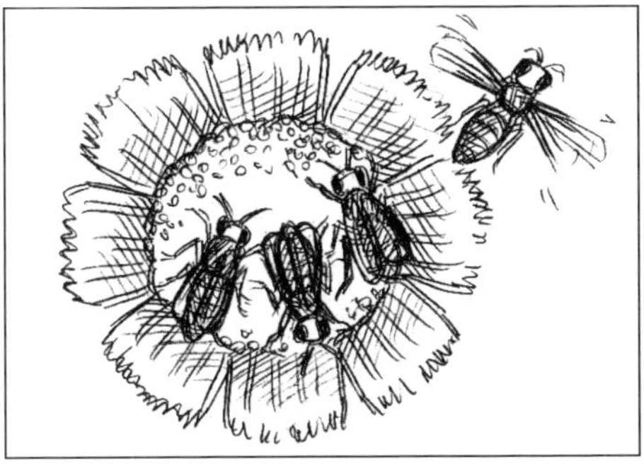

4 - 1 = 3

9 - ☐ = ☐

☐ - ☐ = ☐

☐ - ☐ = ☐

☐ - ☐ = ☐

☐ - ☐ = ☐

□ - □ = □

□ - □ = □

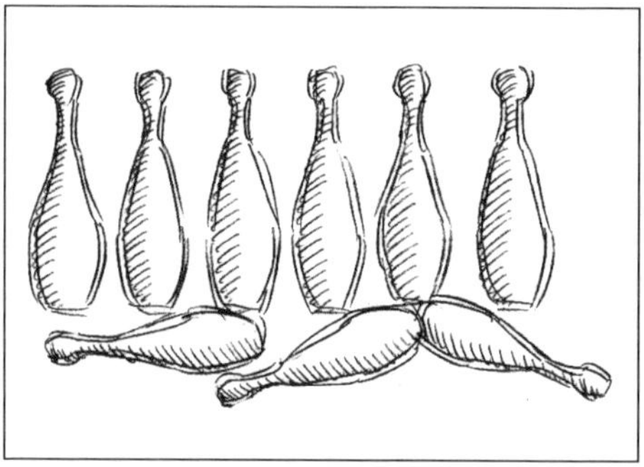

□ - □ = □

□ - □ = □

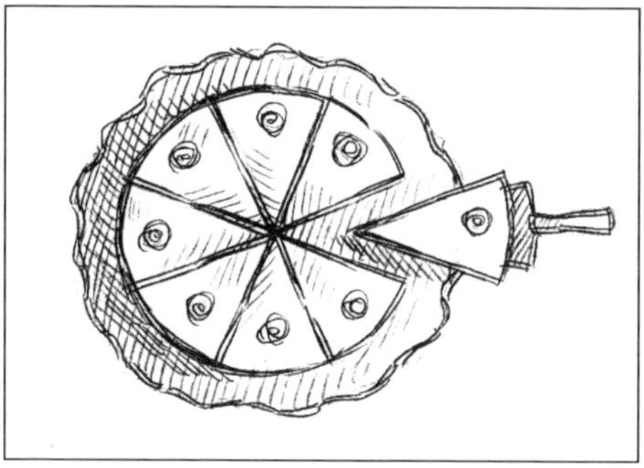

□ - □ = □

□ - □ = □

3 - 2 = 1

6 - □ = □

□ - □ = □

□ - □ = □

□ - □ = □

□ - □ = □

□□ - □ = □

□ - □ = □

□ - □ = □

□ - □ = □

□ - □ = □

□ - □ = □

6 - 1 = 5

6 - 2 =

6 - 3 =

6 - 4 =

6 - 5 =

6 - 6 =

6 - 0 =

5 - 1 =

5 - 2 =

5 - 3 =

5 - 4 =

5 - 5 =

5 - 0 =

10 - 3 =

10 - 4 =

10 - 5 =

10 - 6 =

10 - 7 =

10 - 8 =

10 - 9 =

10 - 0 =

1	2	3	4	5	6	7	8	9	10
11	12	13	14	15	16	17	18	19	20

1	2		4		6	7		9	10
11		13	14		16		18		20

1			4			7	8		
		13			16	17			20

			4	5				9	
		13				17			

1									
									20

11	12	13

		19

		13

	16	

	15	

18		

14		

	12	

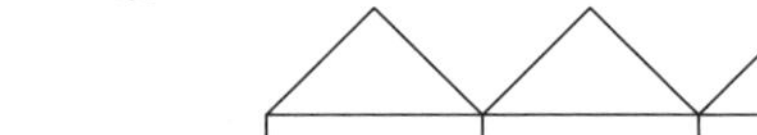

	17	

		20

2

1

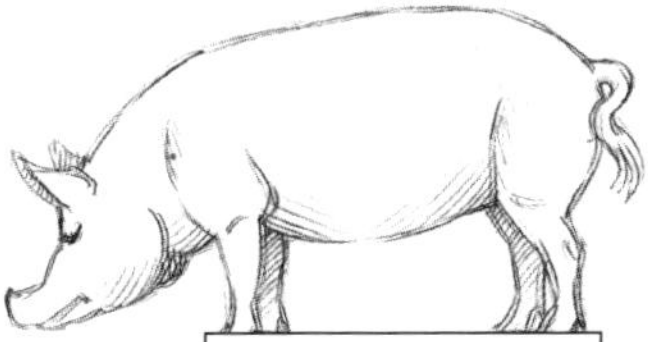

18

16

15

6

Male die Blume aus!

